AF471425

LE TEINTURIER DES FAMILLES

MANUEL

COMPLET & PRATIQUE

Pour faire chez soi tous les nettoyages des vêtements et étoffes

PAR DES

PROCÉDÉS SIMPLES ET PEU COUTEUX

PAR ARMAND BRANDE

Chimiste-Industriel

BLOIS

Imprimerie J. MARCHAND, rue Haute, 2.

—

1872

PRÉFACE

AU LECTEUR

Ce livre a pour but de vous mettre à même de nettoyer toutes les étoffes ainsi que tous les vêtements qui composent la toilette sans être obligé de recourir au teinturier-dégraisseur.

Nous croyons avoir comblé une lacune, car toutes les brochures qui traitent plus ou moins directement ce sujet, ne donnent rien de pratique. La difficulté consiste à ne présenter que des moyens d'une réussite incontestable et pourtant tellement simples qu'ils puissent être employés par tout le monde.

Après des recherches sérieuses et des expériences multipliées, nous avons lieu d'espérer que les conditions sont remplies d'une manière satisfaisante dans le présent ouvrage.

NOTA. --- Afin d'être bien compris dans les descriptions de nos procédés, nous avons évité avec soin l'emploi des expressions techniques qui auraient pu les rendre obscures.

Celles que nous avons consacrées sont depuis longtemps dans le domaine du langage commercial et familier et y ont acquis droit de cité.

AVANT-PROPOS

DES

DIVERSES SORTES DE NETTOYAGES

Il n'y a que deux manières de nettoyer les étoffes et les vêtements : le nettoyage par l'emploi d'une matière alcaline mélangée avec de l'eau, et le nettoyage appelé *nettoyage à sec*, qui se fait à la benzine.

PREMIÈRE PARTIE

NETTOYAGE A L'EAU

NOTICE

SUR LES AGENTS EMPLOYÉS

Les matières alcalines employées dans le nettoyage à l'eau sont au nombre de quatre bien connues : *le savon*, *la soude* ou cristaux de soude, *l'ammoniaque* ou alcali volatil, et *l'écorce de bois de Quillay*, dit *bois de Panama*.

Avant d'entrer dans les détails multiples des applications de ces divers produits, nous ne croyons pas inutile de donner un aperçu de leur fabrication ; cet exposé aidera beaucoup à l'intelligence de nos explications.

SAVON.

Le savon est un produit à base alcaline. La soude ou la potasse constituent la base de tous les savons.

Nous ne nous occuperons ici que du savon de *Marseille*, que nous avons adopté pour agent principal de nos nettoyages.

Le savon de Marseille se fabrique avec de l'huile d'olive, des haricots, de la graisse de mouton épurée et de la soude.

Ainsi, de l'huile, de la graisse et de la soude mélangées vont servir à enlever de la graisse; nous appelons votre attention sur cette observation, qui est la base fondamentale du nettoyage des lainages.

En remplaçant la soude par la potasse caustique, dix fois plus forte que la soude, et l'huile d'olive par l'huile de colza ou de sésame, on obtient le savon *vert* ou savon *noir* qui aura ici son emploi dans un cas spécial.

SOUDE ou CRISTAUX de SOUDE.

La soude se trouve à l'état simple dans la nature. En versant de l'eau bouillante sur des cendres de chène, vous faites une lessive qui n'est autre chose qu'une dissolution de soude colorée par le tannin mélangé avec la cendre.

On fabrique artificiellement la soude en très-grande quantité dans de hauts fourneaux, avec un mélange de sel, d'algues marines, etc. Le produit que l'on retire est vendu sous le nom de *cristaux de soude.*

La consommation progressive de ce produit en a fait baisser considérablement le prix.

Nota. — Il y a deux espèces de cristaux de soude : ceux qui se fabriquent en France et les cristaux de soude anglais qui nous viennent de Nantes. Ces derniers, très-inférieurs comme qualité, se reconnaissent facilement à l'œil ; ils sont moins opaques que les autres et par conséquent plus chargés d'eau ; leur prix est minime, mais leur emploi est détestable.

AMMONIAQUE ou ALCALI VOLATIL.

La fabrication de l'alcali étant très-compliquée, nous nous bornerons à indiquer les propriétés de cet agent lors de son application.

BOIS DE QUILLAY

dit bois de Panama.

Le *panama*, pour nous servir du nom connu, est l'écorce du bois de Quillay que le commerce tire de Panama.

Cette écorce, ainsi que toutes les écorces, contient du tannin, et comme particularité de la soude naturelle.

Pour retirer cette soude, on soumet l'écorce à l'action de l'eau chaude ou froide. La décoction a pour effet de désorganiser plus complètement la partie ligneuse et, par suite, d'entrainer avec elle tous les sels solubles à l'eau, entre autres le tannin, caustique assez puissant, mais qui a la propriété désagréable de colorer le bain. Les étoffes blanches traitées par le panama en décoction, conservent toujours une teinte jaune produite par l'acide tanique.

La *panamine*, le *savon de panama* et autres produits de cette espèce ne sont que des décoctions plus ou moins fortes du bois de panama.

Le *panama* ne dissoud les taches de graisse que lorsqu'elles sont très-légères et tout à fait superficielles; il ne possède qu'environ la dixième partie de la richesse alcaline des cristaux de soude.

Comme on le voit, il y a beaucoup à retrancher de l'assurance des fabricants de décoctions de panama et des propriétés si diverses et si vantées attribuées à ces produits. Néanmoins, on peut en tirer d'utiles services. On peut placer à ses côtés la *saponaire* des jardins et les plantes analogues.

Voici comment doit se faire l'infusion de l'écorce de panama :

Prenez un kilo de panama, cassez-le ou coupez-le en copeaux très-minces, mettez dans une terrine, baquet ou vase quelconque et versez dessus 20 litres d'eau bouillante.

Cette eau, quoique très chaude, ne fera qu'imbiber le bois, et, comme elle ira en se refroidissant, le tannin ne sera pas chassé, tandis que la soude n'ayant pas besoin du même degré de chaleur pour se dissoudre, se mélangera avec l'eau.

48 heures après, vous pourrez vous servir de l'infusion.

Quand le bain sera épuisé, remettez de l'eau sur le bois, cette seconde infusion sera presqu'aussi bonne que la première.

DES RÉACTIFS.

En teinture, on désigne sous le nom de réactif, l'agent qui fait revenir une couleur altérée par un autre agent.

Ainsi, du jus de citron étant tombé sur une robe noire et la couleur étant changée, si l'on met sur la tache de la soude ou mieux encore une goutte d'alcali, l'endroit redeviendra noir à l'instant. La soude et l'ammoniaque auront donc joué dans cette occasion le rôle de réactifs.

Comme on le devine facilement, il y a le plus souvent autant de réactifs à employer que de cas différents à traiter, mais notre but ne serait pas atteint s'il nous fallait entrer dans une interminable énumération de produits divers ; nous rassurons donc le lecteur en lui disant qu'un seul de ces produits nous suffira ; il lui est familier : c'est *le vinaigre de cuisine.*

EMPLOI ÉCONOMIQUE DU SAVON.

Il y a une grande économie à employer le savon fondu d'avance pour faire les nettoyages ; il se conserve très bien dans cet état.

Voici la manière de procéder :

Dans un baquet en bois blanc ou une terrine en grès de la contenance de dix litres (10 litres), coupez par morceaux très minces un kilogramme et demi (1 k. 5) de savon de Marseille frais, — versez dessus environ deux litres (2 litres) d'eau bouillante, — remuez avec une palette en bois blanc de la largeur de la main et écrasez les morceaux le long des parois. Quand la pâte est bien formée, remplissez le vase avec de l'eau bouillante et laissez refroidir.

La pâte devenue froide est à peu près consistante.

Ainsi, par cette simple opération, vous aurez considérablement augmenté le volume du savon, dissous complètement toutes ses parties, et vous n'en perdrez pas la moindre parcelle à l'usage, ce qui arrive toujours en procédant par le mode habituel :

Quand vous désirerez vous servir de savon, prenez de cette pâte par petites poignées, mélangez-la avec de l'eau tiède et vous obtiendrez un bain de savon de la force qu'il vous conviendra.

EAU DE JAVELLE.

Le produit qu'on appelle communément *eau de javelle*, est très facile à fabriquer et très peu coûteux. Chacun peut faire sa provision :

Prenez chez l'épicier un kilo de chlorure de chaux, — mettez cette poudre dans une terrine ou un baquet de bois blanc, — versez dessus deux litres d'eau bouillante, — remuez la pâte avec une palette de bois pendant dix minutes de manière à bien écraser tous les petits grumeaux;— ajoutez ensuite vingt litres (20 litres) d'eau bouillante et un kilo de cristaux de soude, et laissez déposer.

Il se peut qu'après le dépôt quelques grumeaux de chlorure non délayés remontent à la surface, il faudrait les enlever et décanter le bain.

Vous aurez de cette façon vingt litres d'excellente eau de javelle pour soixante-quinze centimes.

La couleur rose, qu'on donne parfois à ce produit, n'ajoute rien à sa qualité et ne sert absolument qu'à flatter l'œil.

PROCÉDÉS

DE NETTOYAGES

NETTOYAGE DES FLANELLES.

La flanelle est d'un usage si général, aujourd'hui, que la nécessité de la blanchir chez soi devient indispensable.

La première condition à remplir est de bien la dégraisser ; or, la sueur est plus difficile à dissoudre que la graisse : si l'on emploie uniquement le savon, l'huile qui s'y trouve se mélange avec la sueur et le tout reste dans la flanelle ; de là résultent cette dureté des tissus et cette odeur désagréable qu'on remarque dans les flanelles mal nettoyées.

La flanelle que rend la blanchisseuse est ordinairement plus propre que celle que l'on essaie de blanchir chez soi. La raison en est que, pour économiser le savon, la blanchisseuse fait tremper ses flanelles dans la lessive ; la soude contenue dans la lessive chasse la sueur ; malheureusement l'étoffe sort de ce bain jaunie par le tannin.

Pour bien opérer :

Mettez deux kilogrammes de cristaux de soude dans un pot de grès, — versez dessus environ trois litres d'eau bouillante et remuez avec une palette de bois blanc. Cette opération préliminaire achevée, faites un bain d'eau froide suffisant pour contenir les flanelles, versez dans cette eau une partie de la dissolution précédemment obtenue,—remuez avec la main et goûtez. La proportion sera convenable quand la saveur sera piquante; il n'y a bien entendu aucun danger à porter sur la langue quelques gouttes du mélange.

Laissez tremper vos flanelles dans ce bain pendant une demi-heure, puis faites-les dégorger à la main. Le bain deviendra laiteux, c'est la sueur qui s'unit à la soude et qui est chassée de la laine.

Pour compléter le dégraissage, prenez autant de petites poignées de pâte de savon que vous avez de pièces à nettoyer,—délayez dans de l'eau tiède,— allongez de la quantité d'eau tiède nécessaire pour le lavage d'une pièce et frottez légèrement chacune d'elles dans le bain,—pressez fortement sans tordre, — rincez deux fois à l'eau tiède et une fois à l'eau froide, en ayant soin d'ajouter à l'eau tiède un verre de la dissolution de cristaux de soude pour chasser complètement le savon. Cette précaution est surtout utile quand la température est froide.

Le nettoyage est terminé, la laine ne contient plus de corps gras et le tissu n'a plus rien à gagner comme souplesse; les personnes qui désireront un peu plus d'éclat, obtiendront ce résultat par le moyen suivant :

Faire un bain avec de l'eau froide aiguisée de vinaigre de cuisine en quantité suffisante pour que le goût se sente légèrement, — passer les flanelles dans ce bain et les rincer dans une eau de bleu, comme s'il s'agissait de linge blanc.

La laine prend très-bien le bleu, à la condition qu'on la préparera par le bain vinaigré dont nous venons de parler. Sans cette précaution, les flanelles se tavellent en séchant, c'est-à-dire qu'elles présentent des parties bleues et jaunes.

BLANCHIMENT A NEUF

des lainages.

Les ménagères peuvent facilement blanchir à neuf tous les lainages blancs.

L'ustensile à avoir est une boite en bois blanc de 1 mètre 90 cent. de hauteur sur 1 mètre en longueur et en largeur. Cette boite doit être ajustée sans pointes ni ferrures; ces dernières sont remplacées par du cuir et clouées dans l'épaisseur du bois; au lieu de targettes, une fermeture en bois; la porte bien close et dans le dessus de la boîte un trou pratiqué à l'aide d'une petite vrille.

A l'intérieur, on place horizontalement deux traverses en bois blanc espacées convenablement et destinées à recevoir les objets tels que gilets de flanelle, bas de laine, caleçons de laine, couvertures, vêtements blancs de toute sorte, bas de soie, etc.

Mettez les objets à cheval sur les barres en ayant soin de laisser complètement libre un des angles du fond; dans cet angle, placez un petit vase ou un petit pot de terre contenant quatre cuillerées de fleur de soufre sublimé. — Allumez à deux ou trois endroits et laissez consumer; deux ou trois heures suffisent.

On remarquera que la porte doit être hermétiquement close, afin que la vapeur du soufre, après avoir traversé les objets, s'échappe lentement par le petit trou pratiqué dans le dessus de la boite. La moindre fissure dans la porte suffirait pour donner accès à l'air extérieur et transformer le soufre en acide sulfurique, au grand dommage des objets enfermés, surtout des soies blanches, bas, crépons de Chine, etc.

On met les objets au soufre aussitôt après qu'on les a rincés. Il faut en retirer les crochets, boucles, boutons de métal et en général tout ce qui est en métal.

Quand le soufre est brûlé, retirez les objets, — passez-les dans une eau vinaigrée —rincez deux fois à froid et, pour terminer, donnez une eau de bleu.

VÊTEMENTS BLANCS

en laine, laine et coton ou en soie.

Les vêtements blancs en étoffe quelconque sont ordinairement défraichis plutôt que salis : dans ce cas, il est inutile de les dégraisser.

Mettez tremper pendant dix minutes dans une eau tiède additionnée d'un verre de dissolution de cristaux de soude, — savonnez ensuite comme on fait pour les flanelles, — donnez une eau vinaigrée un peu forte et rincez à l'eau pure.

On ne met pas ces vêtements au bleu parce que les coutures ne le prennent pas uniformément; du reste, avec notre procédé, leur blancheur ne laisse rien à désirer.

COUVERTURES BLANCHES

en laine.

Les couvertures ne pouvant se manipuler comme les pièces de petite dimension, on est obligé de changer les moyens d'action ainsi qu'il suit :

Faites un bain de cristaux de soude léger et froid dans un petit baquet à lessive, — plongez la couverture dans ce bain et foulez-la aux pieds pendant dix minutes en la retournant deux fois, — levez sur un tréteau et laissez égoutter.

Remplacez le bain de cristaux par un bain de savon composé de cinq poignées de pâte de savon délayées dans de l'eau chaude. Ajoutez de l'eau froide; immergez la couverture et recommencez pendant dix minutes l'opération du foulage. Ensuite, sortez la couverture de l'eau, pressez à deux et rincez dans le même baquet deux fois à l'eau tiède et deux fois à l'eau froide, en ayant soin d'ajouter pour l'eau tiède un peu de dissolution de cristaux de soude.

Si l'on veut blanchir la couverture au soufre, au lieu d'employer dans cette opération de l'eau vinaigrée, il suffira de rincer deux fois à l'eau froide; pas de bleu.

Quand la couverture est égouttée, il faut faire ce qu'on appelle *le poil*.

Étendez-la dans sa longueur sur une corde raidie. Prenez dans chaque main une brosse de chiendent semblable à celles qui servent au lavage des appartements et brossez de haut en bas des deux côtés, en commençant par une extrémité en roulant au fur et à mesure. Retournez la couverture et faites la même opération pour l'autre face.

COUVERTURES BLANCHES

en coton.

Le nettoyage des couvertures de coton se fait comme celui des couvertures de laine, mais le blanchîment diffère complètement. Une couverture de laine que le savonnage blanchit, peut à la rigueur se passer d'être mise au soufre, tandis qu'une couverture de coton doit être absolument blanchie, parce que le savon ne fait que la nettoyer.

Lorsque la couverture vient d'être rincée, faites dans le baquet un bain d'eau froide additionné de huit litres (8 litres) d'eau de javelle,— plongez la couverture dans ce bain où elle restera trois heures. — Ayez soin de la remuer plusieurs fois afin que toutes ses parties blanchissent uniformément. — Levez et rincez deux fois à l'eau tiède et deux fois à l'eau froide; enfin, mettez tremper huit heures dans une eau pure afin d'empêcher les tâches jaunâtres qui paraissent quelquefois quand la couverture est sèche.

Faites *le poil* comme pour les couvertures en laine et laissez sécher.

La couverture sera d'un blanc éclatant.

COUVERTURES VERTES.

Mettez votre couverture dans un bain composé de dix litres d'eau de panama et de dix litres d'eau chaude. — Foulez avec les pieds pendant dix minutes. — Si au bout de ce temps on voit le bain mousser, l'opération est suffisante ; dans le cas contraire, recommencez-la avec un bain nouveau. — Lavez, — rincez deux fois à l'eau froide, — donnez une eau vinaigrée sans rincer, — faites le poil et laissez sécher à l'ombre.

La couleur, loin de s'être altérée, sera plus vive qu'avant.

GILETS

en flanelle rouge.

Faites dégorger à la main dans un bain de dissolution de cristaux de soude comme pour les gilets de couleur blanche, mais sans laisser tremper, parce que le rouge s'attaquerait, tournerait au violet et tomberait dans le bain. — Rincez à l'eau tiède. — Remplacez le bain de savon par un bain de panama ou de saponaire. — Rincez deux fois et enfin donnez une eau vinaigrée un peu forte ; le rouge, sous l'influence de l'eau vinaigrée, reprendra sa première teinte.

Le vinaigre, fut-il pur, ne peut attaquer une étoffe mouillée, il n'a d'action que sur sa teinte. En séchant, l'acide acétique s'évapore et il ne reste qu'une odeur fugitive et peu désagréable.

Les bas de couleur rouge se nettoient par le procédé qui vient d'être décrit.

VÊTEMENTS ROUGES

Enlevez les boutons et les garnitures. — Graissez avec de la pâte de savon tous les endroits tachés. — Savonnez à la main pendant dix minutes dans un bain d'eau tiède où vous aurez délayé autant de poignées de pâte de savon qu'il y a de vêtements à nettoyer. — Rincez à l'eau tiède, puis à l'eau froide;—enfin donnez un bain d'eau froide fortement acidulé de vinaigre.

DE L'APPRÊT.

Pour que les étoffes possèdent la consistance et l'élastictité qui donnent de l'ampleur, du lustre et de la grâce aux vêtements, il faut qu'elles reçoivent un apprêt.

Cette opération consiste à fixer dans le tissu une substance gélatineuse ; on obtient un résultat analogue, pour certaines étoffes, par la pression, le repassage ou l'application de la vapeur.

Comme le nettoyage a pour conséquence habituelle d'enlever l'apprêt, nous donnerons d'une manière détaillée les moyens de le restituer pour chaque espèce de vêtement.

DU REPASSAGE.

Le choix des fers est important ; les fers lourds présentent l'avantage d'éviter une dépense de force. En effet, il suffit de les promener sur les étoffes pour obtenir une pression suffisante et constante, tandis qu'il faut appuyer sur les fers légers, et même frapper avec. De plus la chaleur se conserve mieux dans les gros fers, ce qui fait une économie de temps. Nous engageons donc à leur donner la préférence, dussent-ils peser dix livres.

Il convient de vérifier, à l'aide d'un morceau de linge blanc, l'état de chaleur du fer avant de s'en servir : trop chaud, il roussirait l'étoffe ; pas assez chaud, il la salirait sans la lisser.

Les lainages blancs, surtout, exigent une chaleur modérée et soutenue.

Avant de procéder au repassage d'un objet, il faut l'humecter, afin que l'eau se transforme en vapeur sous l'action du fer chaud et reconstitue ainsi l'apprêt primitif. On ne peut donc apporter trop de soin à imprégner bien également d'humidité l'objet à repasser.

On se sert habituellement de la main pour faire cette opération, l'eau coule entre les doigts et tombe en grosses gouttes sur le tissu, mais d'une manière trop inégale pour que ce moyen soit satisfaisant. Il est préférable d'employer le petit balai de crin rince-bouteille.

En laissant retomber dans l'eau les plus grosses gouttes, vous pourrez couvrir l'objet à repasser d'une pluie fine qui l'imprégnera dans toutes ses parties. Cette préparation faite, étamez, c'est-à-dire pliez l'objet, roulez-le et laissez dans cet état deux heures au moins. Il ne reste plus qu'à repasser.

APPLICATION VAPEUR.

Toutes les étoffes en laine, les vêtements blancs en velours de laine, les vêtements rouges, saute-en-barque, vareuse, casaque, coin-de-feu, molleton, gros croisé, flanelle, drap épais ou mince, drap pour robe ont besoin d'être imprégnés de vapeur pour recouvrer leur apprêt.

Voici comment on peut faire ce travail chez soi :

Disposez le vêtement sur une table à repasser, pointue à l'une de ses extrémités. — Trempez un torchon un peu usé dans un vase à moitié plein d'eau,— tordez-le et appliquez-le en double sur la partie que vous allez faire. — Passez assez rapidement un gros fer très chaud sur ce torchon,— déposez le fer et relevez le torchon.—

Une abondante vapeur s'élèvera ; sous l'impression de cette chaleur humide, la laine s'assouplit et il convient d'en profiter immédiatement pour ramener le vètement à sa forme en l'étirant dans le sens convenable. Quand on a terminé chaque partie, il reste une certaine dose d'humidité au moyen de laquelle on donnera l'apprêt. Il suffit pour cela de repasser tout le vêtement à l'envers : après cette opération, il a la fermeté et la souplesse du neuf.

On devra se rendre bien compte de la chaleur du fer lorsqu'on repassera l'envers des étoffes en laine ; elles roussissent facilement.

Quelques indications sont utiles pour les vêtements d'homme :

Gilets. — Commencez par humecter les doublures, puis appliquez la vapeur aux devants et au col, et enfin repassez.

Pantalons. — On peut repasser simplement les pantalons, en ayant soin pourtant de les humecter à l'endroit et de les repasser à l'envers, mais il est préférable d'appliquer la vapeur afin de ramener ce vêtement à sa longueur primitive, car il se raccourcit toujours à la suite du nettoyage. — Avant que l'étoffe soit refroidie, tirez chaque jambe dans le sens de sa longueur, repassez les doublures et terminez par le repassage à l'envers.

Paletots. — C'est le vêtement le plus difficile à repasser. Il faudra appliquer la vapeur à toutes ses parties, en commençant par un devant et en finissant par l'autre. Le reste de l'opération ne varie pas. Ne retournez pas les manches, cela suffirait pour les froisser.

Pour le repassage des draps noirs, un linge bleu en toile vaudra mieux qu'un linge blanc à cause du duvet.

Si l'on voyait paraître des blancheurs sur les draps noirs en les repassant, il suffirait de doubler la toile humide sur l'endroit et de passer rapidement un fer chaud.

ROBES ROUGES

A carreaux écossais.

Avant d'entreprendre le nettoyage des objets de cette nature, il faut s'assurer par l'examen du tissu, en l'effilant, s'il n'est composé que de laine ou s'il contient du coton avec la laine, ou encore si c'est un mélange de laine et de soie.

Si l'article est tout laine, nettoyez au savon, en vous reportant à l'article : *vêtements rouges :*

S'il contient du coton et que ce coton soit bleu, il sera prudent d'essayer l'action du savon sur un morceau, car il est rare que cette couleur soit solide. — Si donc elle ne l'était pas, on enlèverait les plus grosses taches de graisse à la benzine (Voir deuxième partie). Passez ensuite l'objet successivement dans deux bains d'eau de panama tiède, levez, rincez deux fois et donnez une eau vinaigrée d'une force moyenne.

Quand l'écossais contient de la soie verte, il ne peut être nettoyé qu'à la benzine. Il en est de même de la popeline, de tous les objets en popeline laine et soie ; les autres couleurs sont solides et supportent le savon.

Les écossais blancs et noirs ou damiers se nettoient très facilement.

Délayez du savon dans de l'eau tiède, — frottez légèrement, — rincez deux fois à l'eau tiède, puis deux fois à l'eau froide, enfin, laissez tremper deux heures dans l'eau pure.

Dans le cas où ces derniers vêtements seraient très sales, on commencerait par les passer dans une eau de cristaux de soude faible : — dégorger, — rincer tiède, et savonner ensuite comme il vient d'être dit, — donner une eau vinaigrée.

APPRÊT.— Humectez et laissez tremper deux heures dans l'eau pure et repassez à l'envers.

Les carreaux rouges deviennent quelquefois légèrement violets sous le fer, mais ils reviennent à l'air. Il est bon que le fer ne soit pas trop chaud.

FOULARDS.

Tous les foulards, à moins d'être en taffetas souple, peuvent se nettoyer au savon.

Pour deux foulards, faites dissoudre deux poignées de savon dans un peu d'eau chaude de manière à former une pâte liquide et grasse, — passez-y les foulards et frottez-les légèrement à la main pendant dix minutes, — rincez sans tordre à l'eau tiède additionnée d'un peu de dissolution de cristaux de soude, — rincez à l'eau froide, — donnez une eau vinaigrée et rincez de nouveau.

APPRÊT. — Roulez les foulards dans un linge mou pour les étamer et repassez à l'envers.

Quand la soie est humide, le repassage lui donne de la fermeté ; si elle était sèche, il la ramollirait.

Il n'y a pas lieu de s'effrayer si en passant des

foulards de couleur au savon, on voit le bain se colorer ; continuez au contraire votre opération bien également, — rincez, donnez une eau légèrement vinaigrée, — essorez dans un linge et repassez.

Pour des foulards de couleur magenta (rouge violacé), remplacez le vinaigre par un petit verre de cognac.

Sur les foulards, la couleur verte est généralement solide ; dans le cas où il n'en serait pas ainsi, reportez-vous au nettoyage des soies par la benzine (Voir 2e partie).

ROBES de SOIE à CARREAUX

Blancs et noirs. — Robes de soie grise.

Il y a deux sortes de robes de soie qui se nettoient au savon : les robes de soie à carreaux blancs et noirs et les robes grises, dites de fantaisie, qui sont fabriquées avec un mélange de soie blanche et de de soie noire.

Le détachage partiel des unes et des autres sera décrit dans la seconde partie de cet ouvrage ; mais le nettoyage en entier, quand elles sont salies par un long usage, se fait au savon ainsi qu'il suit :

Défaites la robe et préparez un bain composé de cinq poignées de savon délayées dans un litre et demi d'eau tiède. — Installez-vous sur une table en bois blanc et armez-vous de la brosse corroyeur.

Trempez fréquemment cette brosse dans le bain et frottez chaque morceau de soie à son tour.

Faites un nouveau bain avec la même quantité de savon délayé dans de l'eau très chaude et passez-y rapidement tous vos morceaux, — lavez, — rincez deux fois à l'eau tiède, deux fois à l'eau froide, — donnez un bain de vinaigre assez fort, — rincez de nouveau et faites tremper une heure dans l'eau fraiche. — Retirez et faites sécher.

Nota. Ne tordez jamais les étoffes en soie.

APPRÊT. — Mélangez un demi-verre d'alcool avec deux litres d'eau, — passez dans ce mélange chaque morceau de soie à son tour, essorez dans un linge souple et repassez à l'envers.

PALETOTS, PANTALONS & GILETS

A NETTOYER EN ENTIER.

PANTALONS et GILETS

de couleur.

Mettez tremper les vêtements pendant une demi-heure dans un bain de cristaux de soude tiède fort et abondant. — Faites dégorger dans le bain et à la main de manière qu'il ne reste plus de matières grasses, — levez, — rincez.

Passez et frottez dans un bain de savon pendant dix minutes, — levez, — tordez, — rincez deux fois dans une eau un peu plus que tiède. — Rincez à l'eau froide, — donnez une eau vinaigrée, — mettez tremper trois heures dans l'eau fraiche, — levez, — rincez à nouveau et étendez.

On emploie pour la teinture des draps de pantalon des colorants très solides qui dispensent de recourir après le nettoyage à l'emploi des réactifs ; il y a cependant un genre de pantalons de haute fantaisie, comme les mille-raies vertes, bleues, etc., ou encore de larges carreaux marrons et blancs, dont la teinture n'est pas solide. Il faut, après leur nettoyage, donner un bain de vinaigre assez fort, — rincer et étendre sans laisser tremper.

Les gros pantalons d'hiver, ceux qui ne seraient pas faciles à manipuler, et les pantalons légers de couleur foncée, peuvent se passer du bain de savon : il suffit, à la sortie de l'eau de cristaux de soude, de les brosser avec la brosse connue chez les épiciers sous le nom de brosse de corroyeur et qui coûte 1 fr. 50, de les rincer à l'eau un peu chaude, puis à l'eau froide, de leur donner un bain d'eau tiède vinaigrée, — les rincer à nouveau et enfin de les faire tremper comme les autres.

Les lavandières du midi de la France emploient une selle rayée en creux sur le dessus, au moyen de laquelle le nettoyage qui nous occupe serait rendu excessivement facile ; cette selle est appuyée sur deux pieds à l'une de ses extrémités, avec une boite en dessus pour les genoux ; l'autre extrémité plonge dans l'eau : en la mettant dans un baquet contenant un bain de savon et en faisant subir à l'étoffe le mouvement de va-et-vient habituel, les lavandières feront un travail excellent.

APPRÊT. — Pour que le pantalon ne se raccourcisse pas, il faut le traiter à la vapeur (se reporter à cet article).

BAS de LAINE.

Les bas de laine se nettoient absolument comme les autres lainages de même couleur. Il suffit donc de se reporter aux articles spéciaux.

ROBES de FANTAISIE.

Les robes mélangées exclusivement de noir et de blanc, et dont la variété est infinie, se nettoient comme les pantalons et les gilets :

On aura soin de faire le bain de dissolution de cristaux de soude d'une certaine force, mais froid. A la sortie de ce bain, rincez-les, puis frottez légèrement dans un peu d'eau où vous aurez délayé trois poignées de pâte de savon. Ce dernier mélange pourra servir pour plusieurs robes et jusqu'à ce qu'il ne fournisse plus de mousse. — Terminez comme pour le pantalon.

Les robes de couleur unie en laine ou laine et coton ne supportent pas l'action de la soude.

Dans ce cas, marquez soigneusement toutes les taches avec un peu de pâte de savon. — Préparez un bain de savon comme précédemment et passez-y les robes en les frottant légèrement : la pâte de savon qui a été mise sur les taches se dissoudra en entrainant la graisse avec elle. — Levez, — rincez à l'eau tiède, puis à l'eau froide et donnez une eau vinaigrée.

Il est inutile de mettre tremper, on fera sécher immédiatement.

Les robes peu tachées pourraient se nettoyer au panama. — On ferait tiédir au bain-marie six litres de décoction de panama et l'on passerait la robe dix minutes dans ce bain. — S'il n'apparaissait pas de monsse à la surface, on devrait recommencer l'opération avec un bain nouveau.

Nous ferons remarquer que la décoction de panama n'agit pas sur le coton d'une façon aussi efficace que sur la laine.

Donnez toujours une eau vinaigrée aux robes de couleur.

Les taches de cire, de suif, de cambouis et de peinture ne se dissolvent pas au savon, cristaux de soude ou panama, quelle que soit la couleur de la robe; il faudra donc, avant de nettoyer ces objets, commencer par enlever ces taches avec la benzine (VOIR 2e PARTIE).

APPRÊT. — Toutes les robes laine et coton de couleurs claires s'apprètent à l'amidon cuit ; une poignée suffit pour une robe.

Délayez dans l'eau froide, — versez dessus de l'eau bouillante. — Allongez le bain d'eau froide, en raison de la fermeté que vous voulez donner, et passez l'objet dans ce bain. — Les corsages devront être passés en dernier lieu et en ajoutant un peu d'eau. — Etendez très au large pour que les objets sèchent uniformément. — Repassez comme il a été dit.

Les robes de laine, laine et soie, ou les robes d'étoffes très épaisses n'ont pas besoin d'apprêt.

REPASSAGE. — Les robes, qui ont des volants pouvant se tuyauter, devront, avant d'être soumises au repassage, être séchées. — Humectez ensuite la robe en entier, — laissez étamer deux heures, — repassez toutes les parties non garnies de volants, — puis passez une petite éponge imbibée d'eau sur tous les volants et garnitures et procédez à leur égard comme pour le linge ordinaire.

La laine se traite de la même façon, mais remarquez que pour le tuyautage des volants, c'est la vapeur seule qui fournira l'apprêt.

Opérez un peu chaud et rapidement le résultat sera parfait.

ROBES de FOULARD

Toiles écrues et percalines rayées.

Les robes de foulard se nettoient comme les foulards.

Donnez un bain de savon gras, — rincez à l'eau tiède, puis à l'eau froide, essorez et repassez à l'envers après avoir donné un bain de vinaigre.

N'oubliez pas, si le foulard est mince, de lui donner l'apprêt avec un peu d'eau-de-vie mélangée avec de l'eau.

Si ce moyen ne suffisait pas, faites dissoudre gros comme une noix de gomme arabique, —

passez dans un linge et mélangez avec l'eau qui doit servir à passer les morceaux composant la robe.

Les casaques peuvent être nettoyées, apprêtées et repassées dans leur entier.

Le procédé de nettoyage qui vient d'être décrit, sera employé pour les robes de toile écrue et pour celles en percaline rayée.

On fera bien de donner deux bains de savon aux toiles écrues, ces tissus étant très serrés, dégorgent mal.

Les percalines rayées devront tremper dans l'eau pendant quelques heures afin que l'amidon dont elles sont imprégnées, tombe. Après cette opération, elles sont à moitié nettoyées. — Terminez en passant les morceaux dans un bain de savon,— rincez à l'eau tiède, puis à l'eau froide et faites sécher.

Il y a des rayés roses qui ne sont pas solides. Pour éviter qu'ils restent ternis après le nettoyage, passez-les dans un bain d'eau-de-vie comme nous l'avons indiqué, la couleur rose reprendra son éclat primitif.

Du reste, ces articles peu solides commencent à disparaître de la consommation.

ROBES de MOUSSELINE

blanches ou imprimées.

Les robes de mousseline blanche se nettoient très bien à l'aide de l'eau de javelle, mais cet agent ne pouvant être employé pour les robes imprimées, il arrive le plus souvent qu'on se résigne à les porter telles qu'elles sont.

Le moyen de les blanchir sans altérer leurs couleurs est cependant très simple. Il consiste à enlever l'amidon du tissu en mettant tremper dans l'eau pure et en frottant légèrement. Le savon fait le reste.

C'est une erreur de mettre tremper dans l'eau de savon. Si l'eau n'est pas pure, l'amidon ne tombera pas : ce corps gras, soluble à l'eau, ne peut être dissous par un autre corps gras tel que le savon, il se mélange au contraire avec lui.

Les robes de mousseline ne sont jamais portées assez longtemps pour que le tissu soit jauni, c'est l'apprêt seul qui est sali. Des cols amidonnés laissés longtemps dans un carton présentent les mêmes effets. Nous répétons donc qu'il suffit de les mettre tremper et que le savon employé ensuite suffit pour leur rendre leur blancheur primitive.

APPRÊT. — L'apprêt à donner à ces robes est l'amidon cuit. — Ajoutez-y gros comme une noisette de borax dissous dans un verre à liqueur d'eau bouillante afin d'empêcher l'étoffe de coller au fer à repasser. — Donnez l'apprêt très fort. — Faites sécher, humectez bien uniformément, — laissez étamer deux heures et repassez.

On se conformera aux indications qui précèdent pour les grands rideaux blancs en mousseline et généralement pour tous les objets de cette nature.

ROBES NOIRES.

Les robes noires se divisent en trois catégories : les robes tout laine, les robes laine et coton comme les orléans et les alpagas, enfin les robes laine et soie.

ROBES DE LAINE. — Faites un bain de cristaux de soude assez fort à l'eau froide, — mettez tremper les robes dans ce bain pendant une demi-heure, — levez, — rincez à l'eau tiède. —

Préparez un bain composé pour une robe de huit litres de décoction de panama et du tiers d'un petit verre à boire d'alcali volatil. — Passez en frottant légèrement à la main pendant dix minutes, — levez, — rincez à l'eau un peu chaude et étendez.

S'il reste quelques taches blanches quand la robe est sèche, il faudra les enlever ainsi qu'il est indiqué.

ROBES EN LAINE ET COTON, orléans, alpagas.

Nous ferons observer que ces étoffes rougissent très vite à l'air, et que pour recouvrer leur couleur il faut qu'elles soient teintes après le nettoyage. Nous nous occuperons donc seulement des robes qui ont besoin d'être nettoyées et qui n'ont pas rougi.

Commencez par enlever les plus grosses taches à la benzine (Voir 2e partie). Passez ensuite pendant dix minutes dans un bain de panama additionné d'un peu d'alcali (un petit verre à liqueur), — levez, — rincez à l'eau tiède, puis à l'eau froide.

ROBES EN LAINE ET SOIE. Toutes les robes en laine et soie se nettoient comme les précédentes. La soie présente l'inconvénient de rougir sous l'action de la soude. L'alcali, au contraire, sert de réactif tout en dissolvant la graisse.

APPRÊT. Humectez, laissez essorer deux heures et repassez.

DENTELLES CHANTILLY

Imitations.

Les dentelles noires de toutes sortes deviennent rougeâtres à l'usage ; elles se graissent souvent et la poussière les rend grises. Les voilettes subissent le même sort.

Ordinairement, c'est avec une infusion de thé qu'on essaie de remédier à tous ces inconvénients, mais le remède est trop anodin. Voici ce qu'il y a à faire :

Préparez un bain d'eau tiède en y mélangeant deux verres à liqueur d'alcali volatil. Passez les dentelles cinq minutes, — retirez et rincez à l'eau tiède.

APPRÊT. Faites dissoudre dans un demi bol d'eau froide gros comme une noix de gomme arabique, — après avoir bien délayé, passez à travers un linge. Vous aurez un apprêt excellent.

REPASSAGE. — Munissez-vous d'une lustrine noire sans apprêt qui vous servira à essorer. — Etendez la lustrine sur la table à repasser. — Passez voilette ou dentelle dans l'apprêt. — Prenez chaque partie à son tour et posez-la à plat sur la lustrine, mais de manière à n'en couvrir que la moitié, — rabattez l'autre moitié sur la dentelle et passez rapidement un fer assez chaud, — relevez la toile et laissez la vapeur s'élever un instant.

Dans cet état, les dentelles ne sont pas complètement sèches, mais la gomme est déjà fixée dans le tissu.

Remettez à la main chaque dessin à sa place en tirant légèrement, — passez aux picots qui devront être élargis avec soin.

Quand cette opération est terminée, rabattez la toile et repassez le fer.

Le tambour à dentelles dont les apprêteuses se servent encore est un moyen primitif ; dans toutes les fabriques, on n'emploie aujourd'hui que le procédé que nous venons de décrire.

Paletots de toutes sortes, pantalons e gilets noirs.

Commencez par battre vigoureusement le vêtement avec une badine. La poussière s'enlèvera et les plus petites taches deviendront visibles; — couvrez-le fortement avec du savon frais de Marseille, ainsi que tous les endroits gras, tels que le col, le bout des manches, etc. Installez-vous sur une table pouvant être mouillée sans inconvénient. — Placez auprès un vase de la contenance de quatre litres, rempli d'eau tiède additionnée de deux verres à liqueur d'alcali volatil, — trempez à moitié de sa longueur la brosse corroyeur, et frottez les endroits tachés en commençant par un devant et en continuant par la manche, le dos, de manière à ne les mouiller que les uns après les autres. Il devra se produire une mousse abondante, indice de réussite, que l'on chassera à mesure. Si les endroits marqués de savon ne se couvraient pas de mousse, il faudrait les marquer de nouveau.

Rincez à l'eau tiède, puis à l'eau froide.

Les vêtements qui ont des doublures blanches, tels que les livrées de domestique, doivent être mis à tremper dans l'eau fraîche après leur net-

toyage pour éviter de voir se former des rayures jaunes sur les doublures; — deux heures suffisent.

Beaucoup de livrées et de pantalons de livrées ont des bandes rapportées de couleurs diverses. Les couleurs jaune et bleue ne sont pas attaquées par le nettoyage, mais, pour les couleurs rouge ou marron, faites un bain composé d'un litre d'eau et d'un peu de vinaigre, puis avec l'extrémité d'une brosse imbibée de ce mélange, passez sur toutes les parties rouge ou marron.— La première teinte reviendra aussitôt. Inutile de rincer.

Pour les paletots d'orléans, après avoir marqué les taches de savon, il faudra se servir d'un bain ammonical froid.

On aura soin de les frotter légèrement pour ne pas faire blanchir l'étoffe aux endroits touchés.

APPRÊT.— Reportez-vous à l'article : « Application de vapeur. »

PALETOTS, PANTALONS et GILETS

tachés partiellement.

Ce qui vient d'être dit s'applique à des vêtements que l'on veut mouiller en entier. — Il n'est pas nécessaire de faire subir cette opération à des vêtements frais qui ne sont que peu tachés, ou dont quelques parties, telles que le col, les revers ou le bout des manches commencent seules à se salir:

Dans ce cas, passez sur les taches un linge que vous tiendrez au bout du doigt et que vous tremperez dans un mélange composé d'un verre à liqueur d'alcali et de la même quantité d'eau, — frottez légèrement et mouillez deux fois, — l'alcali dissoudra la graisse qui viendra se loger dans le linge que vous avez au doigt. — Inutile de rincer, — donnez un coup de brosse.

Si l'on a eu besoin de mouiller un peu abondamment, les endroits détachés seront plus brillants que le reste du vêtement, — donnez alors un peu de vapeur et un coup de brosse.

ROBES de SOIE NOIRE

Piquées.

Les robes de soie noire que l'on ne porte pas souvent sont susceptibles de se piquer.

On appelle soie piquée, celle qui présente une infinité de petits points gris ou verdâtres sur la couleur primitive de l'étoffe.

Il y a deux causes qui font que les soies se piquent : la teinture et l'humidité. — Nous allons en donner une courte explication au lecteur.

En fabrique, on teint la soie noire en écheveau ; toute teinture noire se compose de deux éléments, le mordant et le colorant. Dans les soieries, c'est le mordant qui joue le plus grand rôle : il se fabrique avec du fer dissous dans de l'acide nitrique ; le produit de cette décomposition se nomme nitrate de fer ou plus simplement rouille. Il est très pesant. Le teinturier en soie étant obligé de passer les soies dans un bain composé en grande partie de cette rouille, s'est aperçu facilement qu'elles y prenaient beaucoup de poids ; de cette remarque à l'abus qui pouvait en résulter, il n'y avait qu'un pas que l'on a souvent franchi : dans le but d'augmenter la pesanteur de la soie, qui se vend d'après cette mesure, on a forcé la dose de rouille. On appelle cette opération : charger les soies.

Or, la soie qui s'empare du fer avec tant d'avidité, n'en prend pas moins bien le principe colorant, mais quand le tissu est fabriqué et malgré l'huile dont on a eu la précaution de l'imprégner, l'humidité agit sur le fer qui s'y trouve comme elle le fait sur celui que l'on expose à l'air ; de là altération du colorant et production des taches que l'on appelle piqures.

Voici maintenant comment on parvient à remettre l'étoffe en bon état :

Mettez dans un vase six litres de décoction de panama tiède, — ajoutez un demi-verre d'alcali volatil. — Etablissez-vous sur une table pouvant être mouillée sans inconvénient. — Frottez avec la brosse corroyeur chaque lé et chaque morceau à son tour. — Rincez ensuite à l'eau tiède, puis à l'eau froide et faites sécher.

APPRÊT. — Passez les soies minces dans un bain d'alcool et d'eau, — étamez dans un linge sans tordre et repassez à l'envers.

Les grosses soies, comme les gros de Naples, levantine, grain de poudre, etc., seront passées à la vapeur avec une toile noire ou de couleur et repassées à l'envers.

La vapeur a pour effet de rendre à la soie sa fermeté première et sa souplesse.

Les brides noires, les filets et autres objets en soie noire se nettoient de la même façon, mais on pourra n'employer que de l'eau ammoniacale tiède et un peu forte.

Nous ferons remarquer qu'à l'aide du procédé indiqué ci-dessus, on nettoie très bien la soie en même temps qu'on enlève les piqures. Néanmoins, lorsqu'il s'agira exclusivement d'enlever des taches de graisse, il vaudra mieux se servir de la benzine (voir 2e partie) qui, de son côté, n'a pas d'action sur les piqures.

RIDEAUX de PERSE

Mettez les rideaux tremper largement dans de l'eau pure pendant cinq heures, afin que l'amidon qui forme leur apprêt se délaye complètement.

Cette opération préliminaire aura pour effet d'entraîner la poussière dont les rideaux sont noircis et de faciliter le nettoyage.

Egouttez les rideaux, — puis donnez deux bains de savon, en ayant soin de passer successivement chaque rideau de l'un dans l'autre, — rincez à l'eau tiède, puis à l'eau froide et terminez par un bain d'eau vinaigrée.

APPRÊT. — Passez chaque rideau dans un bain d'amidon cuit de moyenne force. — Etendez comme on fait pour des draps. — Quand les rideaux sont secs, humectez, — laissez essorer pendant trois heures et repassez à l'envers.

Le glaçage ne s'obtient qu'à l'aide d'un outillage spécial.

TACHES de PEINTURE

Les taches de peinture sont les plus difficiles à enlever, parce qu'elles adhèrent fortement au tissu en même temps qu'elles le graissent.

Il y a deux moyens de dissoudre la peinture : par le savon noir en pâte, dit savon vert, et par la benzine.

Nous donnons dans la 2me partie la manière de se servir de la benzine.

Le savon noir est un caustique puissant à base de potasse et qui ne peut s'employer indifférem-ment sur toutes les étoffes parce qu'il en détruirait la couleur : les draps noirs et les draps pour paletots et pantalons résistent seuls à son action. — Pour les autres tissus, on se servira de la benzine. Voici comment on fera le nettoyage par le savon noir :

Marquez fortement chaque tache avec de la pâte de savon noir, — laissez détremper pendant vingt-quatre heures. — Préparez un bain d'eau tiède additionné de deux verres à liqueur d'alcali et frottez chaque tache avec la brosse comme nous l'avons indiqué pour le nettoyage des paletots, mais en mouillant plus abondamment et en aidant l'action de la brosse par un léger grattage avec l'ongle.

TACHES de SANG

Les taches de sang se dissolvent à l'eau froide et non à l'eau chaude.

Nous allons en donner les raisons :

Le sang qu'on laisse déposer forme deux couches, l'une, épaisse et rouge ; l'autre, jaune et liquide.

La première est un plasma dans lequel nagent d'innombrables globules contenant la matière colorante ; l'autre est le sérum contenant l'albumine.

Quand un objet est taché de sang, on peut observer dans la tache, avant qu'elle soit sèche, une disposition semblable en deux couches. — Si l'on met l'objet taché dans l'eau froide, le plasma rouge se dissout ; il reste une matière jaunâtre d'albumine, qui s'enlève à la brosse.

Dans l'eau chaude, au contraire, l'albumine se coagule en retenant avec elle tous les colorants et elle devient insoluble ; la tache reste donc indélébile.

On utilise, dans l'industrie, la propriété que possède l'albumine de se coaguler, et toutes nos belles couleurs sur coton et sur toile sont fixées par ce procédé :

Les vêtements qui seraient tachés de sang seront mis à tremper dans l'eau froide et nettoyés ensuite.

Pour des détachages partiels :

Prenez un tampon d'ouate bien imbibé d'eau, — placez sous la tache une serviette pliée en quatre. — Tamponnez à plusieurs reprises et bientôt la matière colorante dissoute passera sur la serviette.

Il ne restera qu'à saupoudrer de poudre argentine, — laisser sécher et brosser pour faire tomber la poudre.

TACHES de NITRATE d'ARGENT.

Cet article est destiné particulièrement aux personnes qui s'occupent de photographie. Il est à peu près impossible dans la manipulation de préserver la chemise ou les vêtements des taches de nitrate d'argent. Les moyens connus pour les enlever ne sont pas très pratiques, quelques-uns sont dangereux, tel que celui par le cyamure de potassium ; nous allons en indiquer un assez simple et qui nous a toujours réussi :

Appliquez le goulot d'une fiole pleine de teinture d'iode sur chaque tache de façon à imbiber complètement, — laissez reposer un moment, et pendant cet intervalle, faites dissoudre gros comme une noisette d'hyposolfite de soude dans deux verres à liqueur d'eau bouillante. — Mouillez avec cette solution tous les endroits marqués par l'iode ; aussitôt la tache, de brune qu'elle était, deviendra blanche ; il restera autour une légère auréole qui s'en ira à la lessive.

Les vêtements de laine se nettoient de la même manière ; l'effet ne paraît pas aussi prompt parce qu'on opère sur une teinte foncée. Remplacez le lavage à la lessive par une eau ammoniacale que vous passerez à la brosse sur tous les endroits tachés et vous obtiendrez un résultat aussi satisfaisant que sur le linge.

CHAPEAUX.

Nous allons donner le moyen d'enlever les taches de graisse sur les chapeaux de feutre. Il arrive pour certain genre de chapeaux de feutre que la colle qui sert d'apprêt remonte à la surface; il faut dans ce cas recourir au chapelier :

Pour les autres, commencez par enlever la coiffe, le cuir et le galon qui seront nettoyés à part, — le cuir devra être remplacé. — Frottez tous les endroits gras avec une petite éponge imbibée d'un mélange composé avec deux verres à liqueur d'alcali et d'un demi-litre d'eau très chaude. Trempez et pressez souvent sur l'éponge afin de la débarrasser de la graisse. — Après cette première opération, faites un bain d'eau chaude additionné d'un demi-verre d'alcali et mouillez toute la surface du chapeau. — Suspendez-le et laissez-le sécher.

Le galon se nettoiera de même.

La coiffe en soie se nettoiera à la benzine comme les autres articles de cette nature.

Les chapeaux de paille se nettoient facilement, mais après l'opération ils sont toujours plus ou moins déformés. Nous engageons donc à les donner aux ouvriers spéciaux.

UNIFORMES MILITAIRES.

Afin d'éviter des recherches ennuyeuses, nous avons réuni sous ce titre divers articles ayant trait à l'habillement militaire et que nous avons rédigés spécialement, bien que, dans quelques-uns, les procédés indiqués soient à peu près les mêmes que pour les vêtements civils.

GANTS D'ORDONNANCE.

Ordinairement, on nettoie les gants d'ordonnance en les savonnant à l'eau froide, puis en les plongeant dans la terre de pipe pour absorber l'eau et blanchir la peau.

Ce moyen a l'inconvénient d'introduire dans les pores de la peau une matière étrangère dure qui y entretient une raideur fatigante semblable à celle du cuir lorsqu'on a remplacé la gélatine par le tannin. Il en résulte que les gants s'usent rapidement et que l'usage en est désagréable.

Voici le mode qu'il convient d'adopter et qui concilie l'économie et la commodité :

Pour une douzaine de paires de gants, faites fondre cinq cents (500) grammes de cristaux de soude dans un litre d'eau bouillante. Allongez ensuite le bain avec de l'eau froide de façon à le rendre à peine tiède et mettez-y tremper les gants pendant deux heures. Ce temps écoulé, pressez les gants dans ce bain, qui devient laiteux par suite de la dissolution de la terre de pipe, — frottez légèrement chaque doigt à son tour pour enlever les taches qui les salissent. — Sortez les gants du bain, — pressez et rincez deux fois à l'eau tiède et une fois à l'eau froide. — Passez-les dans deux litres d'eau mélangée avec un verre de vinaigre de cuisine, — rincez à froid de nouveau. — Pressez chaque gant à son tour et essorez dans un linge de manière à enlever le plus possible d'eau. Il ne restera qu'à tirer les gants dans le sens de leur longueur et à les laisser sécher librement.

Ils présenteront une certaine raideur quand ils seront secs, frottez-les alors légèrement l'un après l'autre dans la main, cette raideur disparaîtra facilement.

L'opération que nous venons de décrire semblera peut-être un peu longue ; néanmoins elle l'est plus en description qu'en réalité. Du reste, on peut se contenter de l'employer de temps à autre et se servir pour les cas pressés du procédé ordinaire.

VÊTEMENTS D'UNIFORME

A nettoyer en entier.

Tous les draps destinés à l'habillement militaire sont solides à l'usage et très bon teint ; cependant les couleurs verte et rouge sont susceptibles de changement au contact de certains agents ; en traitant la question de leur nettoyage, nous donnerons le moyen de parer à cet inconvénient.

Les tuniques se nettoient toutes de la façon suivante :

Battez-les avec une badine pour enlever la poussière et faire paraître jusqu'aux plus petites taches. Marquez ces taches avec un morceau de savon de Marseille frais, de façon à les couvrir et à y laisser une empreinte épaisse. — Faites de même pour le collet et le bout des manches.

Installez-vous ensuite sur une table et préparez un mélange d'un demi-verre d'alcali dans cinq litres d'eau tiède, — puis, armé de la brosse corroyeur, dont vous tremperez l'extrémité dans le mélange ci-dessus, frottez chaque tache à son tour. Pour être certain que la tache a disparu, il faut que le savon appliqué dessus mousse fortement ; dans le cas contraire, remettez un peu de savon et recommencez à frotter avec la brosse imbibée à nouveau.

Quand chaque tache est enlevée, rincez le vêtement à l'eau tiède, puis à l'eau froide. — Si les doublures sont blanches, laissez tremper le vêtement pendant trois heures dans l'eau fraîche. — Retirez et étendez.

Les vestes de cavalerie ainsi que les pantalons

de toutes armes pourront se nettoyer de la même manière.

Les vêtements rouges ou les garnitures de cette couleur perdront un peu de leur éclat au nettoyage. Pour leur faire reprendre leur fraicheur, passez dessus une brosse imbibée d'eau vinaigrée dans la proportion d'un demi-verre de vinaigre pour un litre d'eau.

A l'usage, les draps verts deviennent souvent bleus par places ou même entièrement ; cela tient à ce que la couleur bleue est très solide à l'air et que le jaune, qui forme avec elle la couleur verte, l'est beaucoup moins ; — du reste, le principe de la coloration jaune ne disparaît pas, et avec le genre de nettoyage que nous venons de décrire les vêtements deviennent verts.

S'il s'agissait simplement de faire revenir la couleur par place, mélangez deux verres à liqueur d'ammoniaque dans un verre d'eau et passez une petite brosse à main imbibée du mélange sur tous les endroits déteints ; ils reprendront immédiatement leur teinte verte.

VÊTEMENTS D'UNIFORME

Tachés partiellement.

Il est inutile de nettoyer un vêtement en entier pour quelques taches de graisse ou un collet un peu gras. On se contentera de le détacher.

Les taches de sucre, celles de café et de liqueurs s'enlèvent à l'eau.

On détachera les uniformes de couleur foncée de la manière suivante :

Mélangez un verre à liqueur d'alcali volatil avec deux petits verres d'eau froide, puis au moyen d'un linge imbibé de ce mélange et ajusté au bout du doigt, mouillez légèrement et à plusieurs reprises à l'endroit des taches, avec soin de ne pas mouiller au-delà, — la graisse se dissoudra, passera sur le linge, et les taches auront disparu.

Le collet et le bout des manches peuvent être nettoyés ainsi. — Pour le plastron, il faut séparer le drap, afin que la graisse ne passe pas dans la garniture en dessous et ne reparaisse plus tard à la même place.

Les uniformes de couleur claire, tels que les rouges, les bleus clairs, les jaunes, les blancs, se détachent à la benzine (voir 2e partie).

Si le plastron est blanc ou jaune, après l'avoir détaché à la benzine il faut saupoudrer de poudre argentine l'endroit détaché (voir l'article), — laisser sécher un instant et brosser. Le résultat sera parfait.

TURBANS.

Certains régiments de zouaves portent un turban vert. Cette couleur sur le coton est beaucoup moins solide que sur le drap. Le bleu, qui s'y trouve, se maintient très bien, mais le jaune est bientôt dévoré par le soleil.

Les soldats qui désireront réparer eux-mêmes le dommage, n'ont qu'à suivre les prescriptions suivantes :

On trouve dans tous les pays l'herbe vivace appelée « gaude. » Cette herbe atteint jusqu'à un mètre cinquante centimètres de hauteur, elle mûrit en automne et devient jaune comme le blé.

Coupez-en un paquet de la grosseur de la jambe, — liez ce paquet et faites-le bouillir dans dix litres d'eau pendant trois quarts d'heure. — Retirez l'herbe et laissez refroidir le bain. — Ajoutez-y alors deux verres à liqueur d'alcali volatil et remuez pour bien mélanger.

Passez les turbans préalablement nettoyés dans ce bain. — Passez-les un par un et bien au large. — Ils deviendront aussitôt d'un vert magnifique.

La dose de gaude peut suffire pour une douzaine de turbans.

Pour nettoyer le fez, ainsi du reste que le tarbouche égyptien et le béret basque, nous renvoyons le lecteur à l'article qui traite des lainages rouges.

EPAULETTES D'OR et D'ARGENT

Dragonnes et plaques quelconques de métal recouvertes d'or ou d'argent.

Tous les objets dont l'énumération précède, sont d'un prix élevé et d'un entretien coûteux. — Ils se ternissent vite et sont promptement hors d'usage.

Les épaulettes se montent sur fils de métal et en trois pièces différentes, le dessus, la torsade et la barbe. La même quantité d'or ou d'argent n'est pas donnée à toutes les parties, et l'achat de ces objets ne peut être qu'une affaire de confiance, car l'œil le plus exercé se trompe sur leur valeur et l'usage seul la fait bien connaître. Quoi qu'il en soit, leur durée est loin d'être en raison de la solidité des métaux qui les recouvrent : l'or et l'argent s'usent lentement et leurs parties ne peuvent que se séparer, ce qui est une question de fabrication. La cause principale qui les fait mettre hors d'usage, c'est que l'or se ternit et que l'argent noircit. Ces deux faits proviennent de l'action de l'air, soit par l'oxigène, soit par les acides sulphydriques et sulfureux. Personne, jusqu'à ce jour, n'a fait connaitre le moyen de combattre l'influence de ces agents sur les métaux.

Nous avons trouvé une composition chimique qui permet d'atténuer singulièrement les effets du mal, sinon d'y remédier complètement, et qui peut être appliquée sans avoir à craindre de détériorer les objets.

Cette composition porte le nom de :

EAU ARGENTIFÈRE

De Armand BRANDE, chimiste industriel.

On la trouve chez tous les épiciers, au prix de 1 fr. le litre et 2 fr. le demi-litres.

Voici comment on l'emploie dans le nettoyage :

Pour des épaulettes, commencez par enlever le drap et le crin qui forment matelas en dessous (rien n'est plus simple à démonter et remonter).— Versez un litre d'eau argentifère dans un vase en grès, faïence ou porcelaine, — trempez chaque épaulette à son tour pendant une demi-minute, — levez, — rincez à l'eau froide. Passez dans un bain d'eau vinaigrée dans la proportion d'un quart de vinaigre et laissez sécher librement.

On remarquera qu'après l'immersion dans l'eau argentifère, les matières étrangères qui ternissaient le métal, se sont précipitées et forment un dépôt d'un gris verdâtre. Quand ce dépôt est bien formé, décantez avec soin et remettez l'eau dans la bouteille. L'effet produit étant dû à une combinaison chimique qui s'effectue au moment de l'immersion, le bain n'a pas perdu de sa puissance et peut servir indéfiniment.

L'eau argentifère attaque fortement les couleurs sans endommager les étoffes. — On doit éviter d'en répandre sur les vêtements; — s'il en était tombé sur un pantalon rouge, mouillez l'endroit avec un pinceau imbibé de vinaigre pur, le rouge reviendra aussitôt.

Les plaques argentées ou dorées se font au pinceau.

Les dragonnes se trempent dans le bain jusqu'au galon d'étoffe exclusivement et seront rincées comme les autres pièces.

ARGENTERIE de MÉNAGE

Pièces d'orfévrerie.

L'eau argentifère fournit un excellent moyen de nettoyer l'argenterie de ménage, le ruolz et toutes les compositions analogues sans rien craindre pour le métal et sans présenter les inconvénients des poudres diverses plus ou moins dangereuses que l'on emploie et qui restent souvent dans les filets ou les incrustations :

Versez de l'eau argentifère dans un vase de grès, faïence ou porcelaine. — Passez chaque pièce à son tour. — Rincez à l'eau froide, passez dans une eau additionné de cognac et essuyez.

Pour les pièces d'orfèvrerie, on aura soin, s'il se trouve un métal différent, du bois, de l'ivoire, etc., de se servir d'un pinceau afin de ne mouiller d'eau argentifère que les parties dorées ou argentées. —Rincez ensuite comme pour l'argenterie.

MANIÈRE de NETTOYER les GLACES

Et leurs cadres.

Les cadres des glaces sont bien souvent salis par des piqures de mouches; ces taches ne s'enlèvent habituellement que par un frottement qui détériore toujours plus ou moins la dorure; l'eau argentifère n'a pas cet inconvénient :

Pour opérer, prenez une petite éponge, et imbibez-la dans une petite quantité d'eau, en ajoutant la même quantité d'eau argentifère, — passez-la ensuite, sans frotter, sur toutes les parties tachées de mouches ou sur le cadre en entier, immédiatement ces taches disparaîtront, — rincez l'éponge dans de l'eau pure, — faites une eau mélangée d'alcool ou de cognac, imbibez-la de cette eau et repassez-la sur les cadres aux endroits déjà mouillés à l'eau argentifère,— essuyez avec un linge fin, toute trace de mouches aura disparu.

BIJOUX et ORFÉVRERIE.

Nous recommandons l'eau argentifère à MM. les bijoutiers et orfèvres qui sont souvent dans l'obligation de frotter leurs bijoux.

Pour les nettoyer, une simple immersion dans l'eau argentifère suffirait pour leur rendre leur premier éclat, et n'aurait pas les inconvénients du frottage.

Rincez à l'eau mélangée d'alcool après le bain d'eau argentifère.

DEUXIÈME PARTIE

DÉTACHAGE & NETTOYAGE

A SEC.

DÉTACHAGE & NETTOYAGE A SEC

BENZINE.

Lorsqu'on soumet le goudron de houille à la distillation, on retire deux produits, les huiles légères et les huiles lourdes.

Avec les premières, on fait la *benzine* ; on trouve dans les secondes des couleurs admirables.

La *benzine* s'emploie pure ; elle est volatile et inflammable : elle dissout la graisse, l'huile, le caoutchouc, le cambouis, le goudron, l'essence de térébenthine séchée, qui n'est alors autre chose qu'une résine, l'iode, le soufre, le phosphore, le camphre, la cire, la bougie, le mastic, le gutta-percha, la gomme-laque, le copal, la gomme-gutte et plusieurs autres substances qui sont du domaine du laboratoire.

Le commerce s'est emparé depuis longtemps des huiles légères et les livre à la consommation à l'état brut, sous le nom générique de benzine. Il en résulte une confusion de produits dont l'odeur insupportable, plus ou moins marquée par l'addition d'un parfum pénétrant, rend l'emploi de la benzine impossible aux personnes délicates.

L'auteur de l'ouvrage n'a pas trouvé de garantie pour procurer au public la benzine pure et sans odeur désagréable dans des conditions de prix qui en permissent un usage général qu'en la fabricant lui-même sur une grande échelle.

Il l'a mise en vente chez les principaux épiciers-merciers et coiffeurs.

Le litre, 5 fr. ; le demi-litre, 3 fr. ; et le quart de litre, 1 fr. 50.

Toutes les bouteilles porteront l'étiquette suivante :

LA BENZINE DES FAMILLES

De ARMAND BRANDE, chimiste industriel.

Le flacon de benzine se vend chez tous les épiciers 1 fr. 50 et contient un huitième de litre, ce qui met le litre de benzine à 10 ou 12 fr.

On appréciera la différence des deux prix ajoutée à la différence si grande de la qualité.

TACHES.

Nous divisons les taches en deux catégories sous les noms de taches grasses et de taches sèches, telles que celles de sucre, de gomme, etc., etc.

On enlève les unes avec de la benzine, et les autres avec de l'eau, l'eau de rivière ou l'eau de pluie.

TACHES d'HUILE ou de GRAISSE

Sur une robe ou cernes, provenant de l'emploi de la benzine ordinaire.

Emiettez deux poignées de mie de pain dans un vase.

Ayez un bol contenant deux verres à liqueur de benzine, et à l'aide d'une petite brosse à main imbibez de benzine une partie de la mie de pain en mouillant plus ou moins suivant la grandeur de la tache et la nature de l'étoffe (la soie se mouille plus facilement que la laine, surtout la soie mince).

Etalez la robe sur une table, — mettez de la mie de pain imbibée sur la tache, et après avoir disposé dessous un drap plié en quatre, frottez en rond avec la main en étendant la benzine sur l'étoffe, — ajoutez de la mie de pain sèche, — changez de place sur le drap et continuez à frotter avec la mie de pain, jusqu'à ce que l'endroit soit sec. — Alors enlevez la mie de pain.

La tache aura complètement disparu : pas de cerne, pas d'auréole, ce que l'on ne peut éviter par l'emploi des benzines les plus vantées.

On remarquera que la tache qui était sur la robe est passée sur le drap ; en effet, la benzine dissout la graisse, mais ne peut lui communiquer sa propre volatilité, elle lui sert de véhicule pour passer sur le drap et la mie de pain agit pour l'aider dans cette fonction et activer son évaporation.

Le principe du détachage est là tout entier : en effet, il importe peu qu'après sa dissolution, la graisse passe sur un linge ou tombe au fond d'un bain de benzine dans lequel on aurait mis l'étoffe tremper. — Il faut toujours que cette graisse se retrouve.— Aussi, dans le cas où l'on ne mettrait pas de linge sous la tache, la graisse se répandrait dans l'étoffe et ne tarderait pas à reparaître.

Le nettoyage des taches d'huile exige un peu d'attention ; il faut le plus souvent recommencer et avoir soin de changer fréquemment l'endroit de place sur le linge pour faciliter la transmission.

TACHES de BOUILLON GRAS, de LAIT, de CHOCOLAT.

Ces taches sont composées à la fois de matières gommeuses ou sèches.

On commencera par employer la benzine, comme précédemment, pour enlever la graisse.

L'apparence de la tache ne changera pas, parce qu'il restera la matière gommeuse ou sèche qui se traite à l'eau ainsi qu'il suit :

Imbibez d'eau un tampon d'ouate et frottez légèrement les taches en mouillant suffisamment pour les dissoudre. — Saupoudrez ensuite avec la poudre argentine (Voir l'article), — faites tomber la première couche, — remettez-en une seconde et laissez sécher librement. — Quand la poudre est sèche, faites-la tomber et brossez.

Le chocolat laisse quelquefois après le détachage une petite teinte, due au cacao, sur les robes très claires. Il vaut mieux laisser cette teinte presqu'indélébile que de recommencer l'opération.

TACHES de CAMBOUIS, GOUDRON, ESSENCE de THÉRÉBENTINE, etc.

Les taches de cette nature ne se dissolvent pas avec la même facilité que les taches de graisse ordinaires. On se servira pour les enlever du moyen suivant :

La robe étant étendue sur le drap plié en quatre, glissez entre les deux et sous la tache une planchette de bois blanc. — Prenez de la benzine avec la brosse à main et frottez légèrement en mouillant beaucoup l'endroit taché. — Au bout d'un instant, la benzine sera devenue de la couleur de la tache, — retirez alors la planchette, — appliquez l'endroit sur le drap et frottez toute la surface mouillée avec de la mie de pain sèche en étendant le plus possible la benzine pour la faire évaporer. — Changez l'objet de place sur le drap. — Quelques secondes suffiront pour faire disparaître toutes traces de tache de benzine.

On détachera de la même manière les robes de couleur dont le bas serait sali par un parquet ciré; et, en général, tous les vêtements qui sont gâtés par des taches de graisse très-épaisses.

Lorsque les taches présentent une grande étendue, comme par exemple quand une burette pleine d'huile se répand sur une robe, il faut encore opérer d'une façon analogue; seulement on remplacera la mie de pain par un linge avec lequel on tamponnera en dessus, — s'il reste encore des marques, on les reprendra sur un endroit bien sec du drap avec de la mie de pain légèrement imbibée de benzine; nous garantissons un succès complet.

TACHES de BOUGIE.

La bougie est un mélange de stéarine et de suif. — La partie dure des taches, celle qui se trouve sur le tissu est la stéarine, le suif est en-dessous.

Commencez par froisser la tache en la frappant de manière à faire tomber la stéarine, puis enlevez le suif avec de la mie de pain imbibée de benzine.

On essaie quelquefois d'enlever ces taches avec une cuiller d'argent dans laquelle on met une feuille de papier de soie sur laquelle on passe un fer chaud.

Avec la cuiller d'argent, on ne peut que faire passer à l'aide de la chaleur la stéarine de l'autre côté du tissu, ce qui rend ensuite l'opération du détachage plus difficile. Avec le fer chaud et le papier de soie, si l'on agit avec adresse, on enlève la stéarine, mais le suif entre dans l'étoffe à l'état d'apprêt et reparaît au bout de quelques jours.

TACHES de SUIF.

Quand la tache de suif est épaisse, commencez par en réduire l'épaisseur avec un couteau, sans pourtant gratter l'étoffe, — glissez ensuite la planchette sous la tache, brossez à la benzine, retirez la planchette et sechez sur le drap avec la mie de pain.

Sur des vêtements noirs en drap ou en grosse étoffe, remplacez la mie de pain par un linge ou tampon.

VÈTEMENTS NOIRS.

Nous avons donné déjà le moyen de détacher les vètements noirs avec un mélange d'alcali et d'eau. On peut aussi employer la benzine, mais seulement pour des taches de peu d'étendue sur des vêtements propres ou pour nettoyer un col en drap ou en velours ; autrement l'endroit détaché ferait tache lui-mème au milieu des parties salies par l'usage :

Pour enlever une tache isolée, prenez un petit tampon d'ouate imbibée de benzine, frottez sur la tache, passez un linge pour enlever le plus possible la benzine et laissez sécher librement.

Les cols de velours se nettoient de la même façon. — Il faut imbiber plusieurs fois le tampon. — On laissera sécher sans passer de linge.

Pour les cols en drap, on remplace le tampon par la brosse à main et l'on mouille assez abondamment pour que l'étoffe entière soit traversée et que la graisse vienne se déposer sur le linge placé dessous au lieu de s'arrêter dans la doublure. — Tamponnez ensuite avec un linge et laissez sécher.

TACHES d'HUILE, de CAMBOUIS, de CIRE, de SUIF

Sur les robes qui doivent être nettoyées au savon, à la soude ou au panama.

Nous avons parlé, dans la première partie de cet ouvrage, de taches qui, ne pouvant être dissoutes par le savon, doivent être enlevées à la benzine avant que les objets soient nettoyés :

Ces taches seront brossées à la benzine sur la planchette de bois blanc. — Quand la benzine aura pris la teinte de la tache, retirez la planchette et tamponnez avec un linge sur le drap plié en quatre.

Après l'épvaoration de la benzine, il restera autour de l'endroit détaché un cercle noir qui s'en ira lors du nettoyage de l'objet.

ROBES et VÊTEMENTS

En soie noire.

Les soies noires ont généralement l'inconvénient de prendre la poussière.

Nous avons dit dans un autre article à l'aide de quels agents la soie était teinte et la raison qui faisait introduire de l'huile dans son tissu.— On s'explique dès lors très bien l'adhérence de la poussière sur une étoffe ainsi imprégnée d'un corps gras.

Espérons que dans un avenir prochain la teinture en noir de la soie subira une transformation semblable à celle des teintures de couleur qui sont fournies aujourd'hui par l'aniline et dont l'éclat est sans égal :

Pour opérer le nettoyage, placez la robe sur un drap plié en quatre, — préparez une assez grande quantité de mie de pain et humectez-la fortement de benzine avec une brosse à main.— Mettez-en cinq grosses poignées sur le lé du devant et frottez en étendant la benzine sur la première moitié de la hauteur de la robe. — Remettez de la mie de pain humectée et continuez sur la seconde moitié du lé. Chaque lé se fera de la même manière en ayant soin de changer souvent la partie du drap qui se trouve en-dessous et dont la salissure sera une indication suffisante de la nécessité de ce déplacement.

Dans le courant de l'opération que nous venons de décrire, la mie de pain est noircie ainsi que le drap par une infime partie de la teinture noire qui se détache avec l'huile, entraînée elle-même par la benzine et transportée sur le drap.

On remarquera que la soie ne perd rien de sa souplesse malgré la perte d'huile qu'elle subit : la raison en est qu'une partie de l'huile se mélange avec la base du noir qui est le nitrate de fer et que le mélange est insoluble. — Par suite, on n'enlève avec la benzine que l'huile en excès qui restait à la surface du tissu.

BOTTINES NOIRES

En étoffe.

Pour détacher des bottines en étoffe, bourrez-les à l'intérieur avec un linge, — prenez de la benzine avec une brosse à main et frottez uniformément sur l'étoffe, en imbibant assez pour que le liquide traverse et apporte la graisse sur le linge placé à l'intérieur. — Frottez ensuite légèrement avec un linge, retirez le tampon et laissez sécher.

Si les bottines, après avoir séché, présentaient quelques taches, il suffit d'imbiber ces taches d'eau pure avec un tampon d'ouate et de frotter légèrement. — Elles disparaissent complètement.

POUDRE ARGENTINE

Cette poudre est originaire de la république Argentine. Elle provient d'une pierre particulière que l'on écrase et qui a la blancheur de la farine.

L'importation de la poudre argentine est de date récente; on l'emploie quelquefois en céramique, c'est la seule application qu'on en ait faite.

Ce produit nous ayant frappé par sa nature neutre et spongieuse, nous l'avons étudié et utilisé d'une manière très-heureuse dans le détachage.

La poudre argentine est surtout indispensable dans les détachages à l'eau. Nous l'offrons au public à prix de revient; en boites de 1 kilog au prix de 1 fr. Les boites portent notre signature et l'étiquette suivante :

POUDRE ARGENTINE

DE ARMAND BRANDE, CHIMISTE INDUSTRIEL.

DÉTACHAGE A L'EAU.

Les taches non comprises dans l'énumération qui figure à l'article *benzine*, ne se dissolvent qu'à l'eau.

Telles sont les taches de sucre, de gomme, de café, de liqueurs, de glaces, de bonbons, de boue, de sang, etc.

Le détachage à l'eau doit se faire avec précaution et légèreté, surtout sur les soies de couleurs claires. — Comme l'eau n'est pas volatile, ni d'une absorption facile, il a fallu trouver un moyen mécanique de sécher promptement les objets mouillés pour que le liquide n'ait pas le temps d'altérer les couleurs.

Nous avons trouvé dans la poudre Argentine un agent précieux qui remplit parfaitement le but proposé sans présenter aucun danger pour les étoffes.

Voici maintenant de quelle manière on opère pour enlever toutes les taches désignées au commencement de notre article :

Placez votre étoffe sur un drap plié en quatre. — Passez rapidement sur la tache un tampon d'ouate gros comme un œuf et bien imbibé d'eau pure, — puis à l'aide d'une cuiller saupoudrez abondamment l'endroit mouillé avec la poudre Argentine, et laissez sécher. — Faites tomber alors la poudre en frappant l'étoffe avec un linge.

Sur les robes de soie de couleur foncée, telles que le marron, le mélange noir et gris, il peut rester des traces de poudre : on les fera disparaître très facilement en frottant les endroits avec de la mie de pain ordinaire.

Pour les paletots, pantalons et gilets de couleur foncée, pour les robes noires en soie et en laine, pour les étoffes en laine de couleur foncée, on peut se dispenser de l'emploi de la poudre Argentine ; il suffit de tamponner l'eau avec un linge.

SOULIERS de BAL TACHÉS de CIRE

Bottines de couleurs claires.

Frottez toutes les taches avec la brosse à main très imbibée de benzine et mouillez-en le reste de l'étoffe.

Mettez les souliers immédiatement dans la boite à la poudre de façon à les bourrer et à les enterrer, — retirez après un quart d'heure et chassez la poudre avec un linge.

Si les bottines de couleur claire sont tachées partiellement, frottez la tache avec la brosse,— saupoudrez l'endroit, renouvelez la poudre et laissez sécher, — secouez et brossez.

ROBES de SOIE BLANCHE

Tachées de cire, Pantalons de couleur claire tachés de cambouis, graisse ou cirage.

Quand une robe de soie blanche est tachée dans le tour du bas par le cire des parquets, nettoyez-là de la manière suivante :

Faites glisser les lés de la robe chacune à son tour sur une planchette en bois blanc en brossant les endroits tachés avec la brosse imbibée de benzine. — Arrêtez-vous à chaque lé pour couvrir abondamment de poudre argentine et continuez sans faire tomber la poudre, — laissez sécher, — secouez et brossez.

Les pantalons de couleur claire tachés de cambouis, de graisse ou de cirage se nettoient exactement de la même façon.

TACHES d'ENCRE, de VIN et de FRUITS

L'encre est une teinture faite avec une décoction de bois de campêche additionnée de sulfate de fer, de sulfate de cuivre, de sucre et de gomme. La propriété que possède l'encre de se fixer facilement est aussi l'obstacle qui empêche de l'enlever complètement.

Les éléments constitutifs du vin et du jus des fruits rendent les taches qui en proviennent tout à fait analogues à celles de l'encre :

Evitez autant que possible de laisser sécher ces taches, — tamponnez-les avec un tampon d'ouate imbibé d'eau vinaigrée dans la proportion d'une cuillerée de vinaigre pour un verre d'eau. — Imbibez fortement, de sorte que le liquide traverse l'étoffe, puis mettez de la poudre Argentine que vous renouvellerez deux au trois fois. — Laissez sécher, — secouez et brossez.

GANTS GLACÉS, GANTS en PEAU de SUÈDE.

Immergez complètement les gants dans un bain de benzine, ensuite reprenez-les un à un, en frottant légèrement, d'abord doigt par doigt, puis le gant en entier. — Mouillez, — roulez le gant sur lui-même, — pressez fortement, — tirez dans le sens de la longueur et immergez dans un second bain de benzine. — Rincez les gants un à un, — roulez, pressez et étirez fortement. — Enfin, gonflez-les avec la bouche et laissez sécher.

Vous ferez disparaître la raideur qui existera après ce nettoyage en tirant les gants dans tous les sens.

Nous affirmons qu'avec la benzine des familles, on pourra nettoyer les gants sans laisser aucune odeur désagréable ; son évaporation complète s'effectue en cinq minutes pendant l'été et en quinze minutes pendant l'hiver.— Laissez sécher les gants à l'air libre et ne les approchez pas du feu.

Moyen d'utiliser la benzine ayant déjà servi.

La benzine des familles se garde indéfiniment sans s'altérer et ne peut que s'évaporer.

Lorsque la benzine vient de servir, il se forme au bout d'une heure un dépôt qui n'est autre chose que l'agglomération des matières grasses et dissoutes. En décantant avec soin, on peut très bien utiliser ce qui reste. Quand la benzine a servi plusieurs fois, il arrive qu'elle ne dépose plus, la graisse s'y trouve en trop grande quantité. Mélangez-y de l'alcool à 90 degrés, dans la proportion d'un demi-verre d'alcool pour un litre de benzine, quelques heures après la graisse se sera précipitée et il ne restera qu'à décanter.

On voit qu'on pourra ainsi employer jusqu'à la dernière goutte de benzine.

Nettoyage en entier à la benzine

Dit nettoyage à sec.

Il n'existe aucun inconvénient à nettoyer en entier à la benzine divers petits articles tels que rubans, chapeaux, tours de cou, qui sont parfois trop tachés pour qu'on puisse les nettoyer tache par tache :

Faites passer sur une planchette en bois blanc en brossant avec une brosse à main imbibée de benzine, — rincez dans un bain propre de benzine, — laissez égoutter, — déposez l'objet à plat sur un linge, — doublez le linge pour essorer, — reprenez l'objet et secouez-le en l'air rapidement pendant deux minutes.

Si, après cette opération, il reste quelques taches, c'est qu'elles sont de la nature de celles que nous avons appelées taches sèches et qui s'enlèvent avec de l'eau pure :

Frottez chaque tache avec un tampon d'ouate imbibé d'eau. — Couvrez de poudre argentine, laissez sécher, — secouez et brossez.

Le genre de nettoyage que nous venons de décrire se nomme nettoyage à sec. Il peut être appliqué à toute espèce d'objets en soie, laine, laine et soie et laine et coton ; les écossais laine et soie, les petits vêtements d'enfant dont on ne voudrait pas enlever les garnitures se nettoieront sûrement et rapidement par ce moyen.

Servez-vous toujours de la poudre argentine pour le nettoyage ou le détachage des vêtements blancs, l'opération sera mieux faite et le blanc plus beau.

Fourrures blanches, palatines, etc.

Prenez un gros tampon d'ouate fortement imbibé de benzine et frottez la fourrure dans le sens du poil, en ayant soin de la mouiller suffisamment. — Essorez en roulant la fourrure dans la poudre Argentine et laissez sécher.

Il ne restera plus qu'à secouer pour faire tomber la poudre, qui a la propriété de blanchir parfaitement toutes les fourrures.

Conservation des fourrures et des vêtements.

La benzine des familles est un insecticide puissant. Après une immersion dans ce liquide, la fourrure la plus ravagée par les vers et les mites en sera complètement débarrassée.

On peut préserver les fourrures et les vêtements des attaques des insectes en les saupoudrant avec un mélange de deux parties de camphre en poudre, une partie de poivre et une partie d'aloës en poudre.

On atteint le même but en sortant ces objets deux fois par mois, en les battant vigoureusement à l'air avec une badine pendant quelques minutes et en les brossant après.

Conclusion.

Nous sommes arrivé à la fin de notre travail, espérant n'avoir oublié aucun genre de vêtements ni aucune des taches qui peuvent endommager les étoffes. — Nous croyons avoir fourni pour chaque cas un procédé de nettoyage clair et pratique.

S'il existe pourtant quelqu'ommission, le lecteur y suppléera aisément, en se reportant à la catégorie à laquelle appartient l'objet ou à l'article qui traite des taches de même nature.

Nous terminons en assurant un succès complet aux personnes qui suivront scrupuleusement nos indications.

TABLE

PAGES

Préface 3
Des diverses sortes de nettoyages 5
1re partie. — Nettoyages à l'eau. 7
Notice sur les agents employés .. 9
Savon 10
Soude ou cristaux de soude 10
Ammoniaque ou alcali volatil 11
Bois de Quillay, dit bois de Panama 12
Des réactifs 14
Emploi économique du savon 14
Eau de javelle 16
Procédés de nettoyage 17
Nettoyage des flanelles 19
Blanchîment à neuf des lainages 21
Vètements blancs en laine, laine et coton ou en soie 23
Couvertures blanches en laine 24
Couvertures blanches en coton 25
Couvertures vertes 26
Gilets en flanelle rouge 27
Vêtements rouges 27
De l'apprêt 28
Du repassage 28

PAGES

Application de vapeur.................. 30
Robes rouges à carreaux écossais........ 32
Foulards............................ 34
Robes de soie à carreaux blancs et noirs
Robes de soie grise................. 35
Pantalons et gilets à nettoyer en entier.. 37
Bas de laine......................... 39
Robes de fantaisie................... 39
Robes de foulard. — Toiles écrues. —
Percalines rayées.................. 42
Robes de mousseline blanche ou imprimée........................... 44
Robes noires......................... 45
Dentelles-Chantilly. — Imitations........ 47
Paletots de toutes sortes, pantalons et gilets noirs.......................... 49
Paletots, pantalons et gilets tachés partiellement........................... 50
Robes de soie noire piquée............ 51
Rideaux de Perse..................... 54
Taches de peinture.................... 55
Taches de sang........................ 56
Taches de nitrate d'argent............. 57
Chapeaux............................ 57
Uniformes militaires.............. 61
Gants d'ordonnance.................... 62
Uniformes à nettoyer en entier.......... 63
Uniformes tachés partiellement.......... 66
Turbans.............................. 67

PAGES

Épaulettes d'or ou d'argent, ceintures dorées ou argentées, dragonnes et plaques quelconques recouvertes d'or ou d'argent 68
Eau argentifère 69
Argenterie de ménage. Pièce d'orfèvrerie. 71
Manière de nettoyer les glaces et leurs cadres 72
Bijoux et Orfévrerie 73
2e partie. — Détachage et nettoyage à sec 75
Benzine 77
Benzine des familles 78
Taches d'huile ou de graisse sur une robe 79
Taches de bouillon gras, de lait, de chocolat 81
Taches de cambois, goudron, essence de thérébentine, etc 82
Taches de bougie 83
Taches de suif 84
Vêtements noirs 85
Taches d'huile, de cambouis, de cire, de suif sur les robes qui doivent être nettoyées au savon 86
Robes et vêtements en soie noire 87
Bottines noires en étoffe 88
Poudre argentine 89
Détachage à l'eau 90

PAGES

Souliers de bal tachés de cire, bottines de couleur claire........................ 92
Robes de soie blanche tachées de cire, pantalons de couleur claire tachés de cambouis, graisse ou cirage........... 92
Taches d'encre, de vin et de fruits........ 93
Gants glacés, gants en peau de Suède... 94
Moyen d'utiliser la benzine ayant déjà servi............................ 95
Nettoyage en entier à la benzine dit nettoyage à sec.......................... 95
Fourrures blanches, palatines, etc....... 97
Conservation des fourrures et des vêtements.............................. 97
Conclusion............................ 99

IMP. J. MARCHAND, A BLOIS.

www.ingramcontent.com/pod-product-compliance
Ingram Content Group UK Ltd.
Pitfield, Milton Keynes, MK11 3LW, UK
UKHW021822190726
13853UKWH00003B/1133